COLLECTION

DE FEU

M. Eugène Lecomte

ANTIQUITÉS

Paris — 1906

COLLECTION

DE FEU

M. EUGÈNE LECOMTE

ANTIQUITÉS

CONDITIONS DE LA VENTE

Elle sera faite au comptant.

Les adjudicataires paieront *dix pour cent* en sus des enchères.

Paris. — Imp. Georges Petit, 12, rue Godot-de-Mauroi. — 16648-06.

CATALOGUE

DES

ANTIQUITÉS

GRECQUES & ROMAINES

MÉDAILLES & PLAQUETTES ARTISTIQUES

Provenant de la

Collection de feu M. EUGÈNE LECOMTE

ET DONT LA VENTE AURA LIEU A PARIS

HOTEL DROUOT, SALLE N° 1

Le Mercredi 13 Juin 1906, à 2 heures

COMMISSAIRE-PRISEUR

Mᵉ PAUL CHEVALLIER

10, rue Grange-Batelière, 10

EXPERTS

MM. ROLLIN & FEUARDENT

4, rue de Louvois, 4

EXPOSITIONS

PARTICULIÈRE : *Le Samedi 9 Juin 1906, de 1 heure 1/2 à 5 heures 1/2*

PUBLIQUE : *Le Dimanche 10 Juin 1906, de 1 heure 1/2 à 5 heures 1/2*

DÉSIGNATION

(Voir le Catalogue spécial.)

ANTIQUITÉS

POTERIE

166 — Aiguière chypriote. Panse sphérique, ornée de cercles et de rondelles. Peinture noire sur fond rouge.

Haut., 19 cent.

Vente Cesnola, 1870, nº 355.

167 — Petite amphore. Quadrige galopant à droite, le conducteur vêtu d'un chiton blanc. Derrière les chevaux, on voit le buste d'un hoplite. Le char est précédé d'une amazone armée d'un bouclier et courant à toute vitesse.

Au revers, une femme debout entre deux hommes barbus, assis à droite, sur des pliants.

Peinture noire sur fond rouge ; rehauts rouges. — Nola.

Haut., 28 cent.

Vente Castellani, 1866, nº 39.

168 — Grande amphore. *a)* Thésée debout, à droite, tuant le Minotaure, en présence de deux hommes barbus et drapés. *b)* Quadrige, à droite, monté par un homme barbu, armé d'une lance, et par le conducteur. A l'arrière-plan, une femme remettant un casque à un guerrier. Devant les chevaux, un hoplite tenant un bouclier rond (*Épisème :* trépied). Peinture noire sur fond rouge, rehauts rouges.

Haut., 43 cent.

169 — Tasse à deux anses. *a)* Bacchus d'ancien style, couché entre un satyre et une bacchante. *b)* Bacchus monté sur un mulet. Peinture noire sur fond rouge.

Haut., 85 millim.

170 à 172 — Trois amphores de Nola :

1° Deux femmes, dont l'une tient un coffret, l'autre une coupe ; entre elles, une corbeille à ouvrage. Revers : palestrite.

2° Homme barbu, debout, appuyé sur un long bâton fourchu et tournant la tête vers un discobole. Le disque est orné de la croix gammée. Revers : homme barbu, drapé, appuyé sur un long bâton.

3° Deux éphèbes, l'un portant un vase à vin sur son épaule et s'appuyant sur un bâton ; l'autre, le précédant et tenant une coupe et une aiguière. Revers : palestrite tenant une coupe et, horizontalement, un bâton.

Peinture rouge sur fond noir.

Haut., 34 cent.

Vente Castellani, 1866, n° 85, 86, 87.

173 — Petite hydrie. Victoire drapée, offrant une bandelette à un adolescent qui tient une lyre. Peinture rouge sur fond noir.

Haut., 22 cent.

174 — Coupe. Dans l'intérieur, on voit un éphèbe déposant une couronne de myrte sur la tête, déjà couronnée, d'un terme de Bacchus barbu. Derrière lui, une colonne votive, cannelée, se dresse sur un stylobate.

Le revers représente des scènes de chasse : 1° deux éphèbes aux prises avec un sanglier ; 2° une chasse au cerf.

Peinture rouge sur fond noir ; beau style grec du ve siècle. École d'Hiéron ou de Brygos.

Trouvée à Sainte-Marie de Capoue.

Diam., 218 millim.

Vente du prince Jérôme Napoléon, 1868, n° 77.

175 — Aryballe. Deux enfants nus courant l'un après l'autre. Peinture rouge sur fond noir. Fin du ve siècle.

Haut., 70 millim.

176 — Lécythe à fond blanc, dessin noir au trait. Femme assise à droite, sur une chaise, et se regardant dans un miroir. Son manteau est brodé de croisettes. — Grèce.

Haut., 22 cent.

177-178 — Deux aiguières à goulot trilobé, faisant pendant. Anse surélevée et ornée d'un masque de femme.

1° Victoire conduisant, à gauche, un char attelé de deux chevaux blancs. Elle est précédée d'un amour adolescent, tenant un fouet et une situle, et suivie d'une femme portant un balsamaire et une couronne de fleurs.

2° Victoire conduisant, à gauche, un quadrige de chevaux blancs.

Fabrique de Tarente. Peinture rouge sur fond brun, rehauts blancs et jaunes.

Haut., 50 cent.

179 — Oxybaphon. Bacchus jeune, précédé d'une bacchante. Le dieu tient un flambeau allumé et un thyrse; une peau de panthère est suspendue à son bras gauche. La bacchante porte un thyrse et une situle; au revers, deux palestrites. — Fabrique de Tarente. Peinture rouge sur fond brun, rehauts blancs et jaunes.

Haut., 31 cent.

180 — Aiguière à goulot tréflé, la panse formée par une très belle tête de Silène.

Haut., 20 cent.

Ventes Pourtalès, n° 375 et *Paravey*, n° 134.

181 — Amphorisque formé de deux masques de femmes peints en couleur de chair.

Haut., 138 millim.

Vente de Janzé, 1866, n° 219.

182 — Lécythe en forme de tête de femme, coiffée de feuilles et de fruits. — Couleur de chair, rehauts rouges et bleus.

Haut., 17 cent.

Vente de Janzé, n° 218.

183 — Coupe de la fabrique de Cales (Campanie). — Dans l'intérieur, une grenouille en haut relief. Vernis noir.

Diam., 17 cent.

184 — Belle amphore piriforme, à vernis orangé; sous les anses, un double collier imprimé dans la pâte. — Chypre.

Haut., 37 cent.

185-186 — Paire de petits cratères à vernis noir.

Haut., 22 cent.

TERRES CUITES

187 — Jeune Tanagréenne debout, dans une pose majestueuse, la tête légèrement tournée vers la droite du spectateur, les bras repliés sur le devant et dissimulés sous le manteau. Une colombe perche sur sa main droite. Très beau style. Coloration antique.

Haut., 23 cent.

188 — Orateur grec du siècle des Antonins. Il est debout, nu-pieds, le bras droit à découvert et levé, l'autre caché sous le manteau qu'une fibule retient sur l'épaule. Base antique. — Tarse.

Haut., 22 cent.

Vente Gréau, n° 1170.

189 — Satyre jeune, sans draperie, la main droite levée à hauteur du cou (comme s'il jouait de la syrinx), l'avant-bras gauche étendu. Les doigts de la main gauche, repliés, tenaient un attribut. Très beau modelé. — Smyrne.

Manquent la jambe gauche et le pied droit.

Haut., 23 cent.

Vente Gréau, n° 670.

190 — Jeune Tanagréenne debout, tournée vers la droite, la tête encapuchonnée. Sa main droite saisit le capuchon, son bras gauche porte les deux pans de la draperie. Très beau style ; coloration antique.

Haut., 235 millim.

Vente Lecuyer, *1883*, n° 40.

191 — Jeune Tanagrénne, drapée et encapuchonnée, debout, la jambe gauche retirée en arrière, les mains croisées sur le devant et retenant les pans du manteau. Engobe et coloration antiques.

Haut., 216 millim.

192 — La Muse Thalie debout, accoudée à un cippe et tenant un masque scénique de femme. Sa tête est tournée vers la droite du spectateur ; son vêtement se compose d'un chiton talaire sans manches et d'un himation formant voile et couvrant tout le bras gauche avec la main. Base demi-circulaire, ornée de moulures ; coloration antique. — Corinthe.

Haut., 34 cent.

193 — Jeune fille debout, le bras gauche accoudé sur un cippe, la main tenant une balle. Elle est coiffée d'une couronne de fleurs qu'entoure un large bandeau bleu : son bras droit s'appuie sur la hanche, sa jambe gauche s'avance et dépasse la plinthe. Base moulurée ; coloration antique. — Tanagra.

Haut., 25 cent.

194 — Femme debout, le bras gauche levé et déployant un ample manteau de couleur bleue. Ses cheveux sont noués en crobyle, et une natte retombe sur chaque épaule. Base ovale moulurée, coloration antique. — Tanagra.

Haut., 29 cent.

Vente Lecuyer, *1883*, n° 46.

195 — Jeune femme assise de face sur un siège échancré, sans dossier. Elle détourne légèrement la tête. Une large ténie, couleur d'orange, entoure ses cheveux ; ses oreilles sont parées de pendentifs. — Tanagra.

Haut., 14 cent.

Vente Paravey, *1879*, n° 259.

196 — Amour monté sur un paon. A demi-vêtu d'une chlamyde, il est coiffé d'une couronne de fleurs. Coloration antique. — Tanagra.

Haut., 137 millim.

Vente Lecuyer, n° 10.

197 — Jeune femme debout, la tête tournée à gauche et se mirant dans un miroir orbiculaire. Elle a le buste nu, un strophium retient ses cheveux. — Tanagra.

Haut., 168 millim.

198 — Jeune garçon se dirigeant vers la gauche ; sa chlamyde, repliée sur le bras gauche, passe derrière le corps, qui reste à découvert, et la main droite pendante le relève. La main gauche tient une balle dans son filet. Coloration antique. — Tanagra.

Haut., 136 millim.

Vente Rayet, *1879*, n° 65.

199 — Fillette drapée et coiffée d'une sphendoné. Debout et de face, elle soulève des deux mains, symétriquement, son manteau. — Tanagra.

Haut., 118 millim.

Vente Rayet, *1879*, n° 91.

200 — PETIT GARÇON monté sur un coq.

Haut., 12 cent.

Ventes de Janzé, 1866, n° 491, et *Paravey, 1879*, n° 227.

201 — FILLETTE assise sur un siège carré et tenant une colombe et une balle. — Tanagra.

Haut., 13 cent.

Vente de Bammeville, 1881, n° 198.

202 — ENFANT debout, relevant son vêtement jusqu'aux genoux.

Haut., 85 millim.

Vente Paravey, 1879, n° 226.

203 — FEMME drapée, debout, le bras gauche sur la hanche, la main droite sur la ceinture. Une tresse de cheveux fait le tour du sommet de la tête et retombe sur les épaules. Coloration antique.

Haut., 19 cent.

204 — FEMME drapée, debout, se dirigeant vers la droite, la gorge à découvert, le bras droit sur la hanche. Main gauche abaissée et cachée sous la draperie. Coloration antique.

Haut., 17 cent.

205 — TÊTE DE FEMME, les cheveux coiffés en bandeaux, les oreilles percées pour y suspendre des boucles d'or. Le revers n'est pas modelé. Coloration antique. — Tanagra.

Haut., 11 cent.

Vente Gréau, n° 323.

206 — BAS-RELIEF. Bacchante de face, dansant, un tambourin à la main gauche abaissée. Près d'elle, un jeune satyre, à gauche, jouant de la double-flûte.

Haut., 14 cent.; larg., 19 cent.

207 — BAS-RELIEF. Dans un temple distyle : le berger Pâris nu, assis à gauche, sur un rocher couvert d'une draperie, et jouant de la flûte traversière. Dans le champ, de chaque côté, trois animaux debout ou couchés sur des plinthes : trois taureaux, deux béliers et une vache allaitant son veau. Colonnes ioniques cannelées, palmette au sommet du fronton et deux demi-palmettes en acrotères.

Haut., 28 cent.; larg., 18 cent.

VERRERIE

208 — Petite amphore en pâtes multicolores, incrustée de dessins blancs et jaunes, ressemblant à des plumes. Anses tordues.

Haut., 14 cent.

209 — Verre a boire se rétrécissant vers les bords. Parois minces, irisation métallique. — Chypre.

Haut., 60 millim.

210 — Petit flacon pomiforme, avec irisation nacrée. — Chypre.

Haut., 63 millim.

211 — Verre côtelé au moyen de quatre dépressions. Parois d'une extrême ténuité. — Chypre.

Haut., 75 millim.

212 — Petit flacon, irisation nacrée. — Chypre.

Haut., 75 millim.

213 — Verre a boire, en forme de cône renversé. Cercles gravés autour de la panse. — Chypre.

Haut., 85 millim.

214 — Verre conique en pâte violacée; huit nervures autour de la base; collerette en fil agglutiné. — Chypre.

Haut., 87 millim.

215 — Petite coupe, les bords formés par un bourrelet creux. Irisation métallique. — Chypre.

Diam., 108 millim.

216 — Belle coupe moulée, toute entourée de cannelures. Pâte verdâtre. — Chypre.

Diam., 13 cent.

217 — Joli flacon pomiforme, en verre blanc translucide. — Chypre.

Haut., 13 cent.

218 — Flacon à long col, en forme de chandelier. Irisation métallique. — Chypre.

Haut., 17 cent.

219 — Grand flacon piriforme, à long col. — Chypre.

Haut., 18 cent.

BRONZES

220 — Grand épervier égyptien, les pattes posées sur un socle.

Haut., 25 cent.

Vente Posno, nº 200.

221 — Adorant étrusque. Vêtu d'une chlamyde qu'il relève de sa main gauche, il tenait à sa main droite abaissée une patère. Ses cheveux, ceints d'une bandelette, descendent jusqu'au milieu du dos. Belle patine vert pâle. Socle en porphyre.

Haut., 9 cent.

122 — Isis-Fortune, debout, tenant le gouvernail et la corne d'abondance. Elle est coiffée de feuilles de lotus et d'un croissant. Socle en jaune de Sienne.

Haut., 10 cent.

Vente Cottreau, 1870.

223 — Hercule debout, couronné de feuillage, la massue sur l'épaule gauche, la peau de lion suspendue au bras, la main droite avancée. Belle patine verte. Sur le socle, en jaune de Sienne, un petit mascaron de Silène.

Haut., 95 millim.

Vente His de la Salle, 1880.

224 — Enfant drapé dans un manteau et tenant à sa main droite avancée une bourse. Patine verte, socle en jaune de Sienne.

Haut., 62 millim.

Vente Polissard, 1873.

225 — Buste d'adolescent émergeant d'un calice de fleur. Peson de balance. Patine verte, socle en jaune de Sienne.

Haut., 75 millim.

Vente His de la Salle, 1880.

226 — Jolie situle étrusque, en forme de tête de femme, parée de boucles d'oreilles. Anse mobile, façonnée au tour. Patine verte.

Haut., 11 cent.

Vente His de la Salle, 1880.

N° 233

227 — Belle situle étrusque. Décor : une frise d'entrelacs entre deux rangs de godrons. Anse mobile. Patine verte.

Haut., 17 cent.

Collection Lucien Bonaparte.

228 — Grande aiguière incrustée d'argent. La panse est ornée de deux rangs de godrons séparés par une petite frise de rinceaux argentés. Le pied, également godronné, est bordé d'un rang de feuilles et de fleurs en relief. Autour du goulot, façonné en bec d'oiseau, s'enlace une branche de lierre en fleur, incrustée d'argent, et, autour de sa base, un ruban orné de fleurs et de feuilles. Les ciselures sont toutes d'une finesse extrême. L'anse manque.

Haut., 245 millim.

Vente Gréau, 1885, n° 188.

229 — Clochette.

Haut., 75 millim.

Collection L. Arrigoni.

230-231 — Deux grands brule-parfums italiotes, la base, le fût et la coupe façonnés au tour.

Haut., 50 cent.

PLATRE

232 — Fragment de fresque égyptienne. — Buste d'une déesse ailée, les bras et les ailes étendus, une plume à chaque main. Deux légendes hiéroglyphiques.

Haut., 12 cent.; larg., 15 cent.

MARBRES

233 — Très belle tête d'amazone, de travail grec, trouvée à Ostie. C'est une pièce importante, de la seconde moitié du ve siècle, et très certainement inspirée de l'*Amazone blessée* de Polyclète. Les cheveux sont ondulés, la tête se penche légèrement sur l'épaule droite. — Marbre de Paros. — Nez et poitrine refaits.

Haut., 40 cent.

Vente Pourtalès, 1865, n° 75.

VOIR LA PLANCHE.

234 — Belle tête de satyre jeune, le visage souriant, les cheveux hérissés. — Marbre blanc. — Socle en brèche verte.

Haut., 30 cent.

Collection His de la Salle.

VOIR LA PLANCHE.

235 — Buste de Fulvie, femme de Marc-Antoine. Cheveux finement frisés, divisés par une longue tresse qui aboutit au front. — Marbre blanc. — Nez restauré.

Haut., 28 cent.

VOIR LA PLANCHE.

236 — Tête de jeune femme, le front ceint d'une stéphané, l'occiput voilé, les cheveux noués en crobyle. — Marbre blanc. — Nez refait.

Haut., 30 cent

237 — Petite tête de femme, les cheveux ondulés. Applique en marbre blanc.

Haut., 19 cent.

238 — Petite tête de satyre, tournée à gauche. Applique en marbre de Paros.

Haut., 11 cent.

PIERRES CALCAIRES

239 — Petit bas-relief égyptien. Roi debout, à droite, tenant à sa main gauche une figurine accroupie.

Haut., 167 millim.; long., 95 millim.

Vente Posno, n° 655.

240 — Lion couché, à gauche, les pattes de devant croisées. Égypte.

Haut., 15 cent.; larg., 34 cent.

Vente Posno, n° 76.

241 — Tête de jeune homme, couronné de laurier. Chypre. Lésion au menton.

Haut., 13 cent.

Vente Cesnola, 1870, n° 303.

242 — Tête de femme, parée de boucles d'oreilles. Au revers, une large entaille longitudinale. Époque hellénistique. — Chypre. Socle en marbre rouge.

Haut., 23 cent.

N° 234

N° 235

MÉDAILLES ARTISTIQUES

243 — Pisanello. PISANVS·PICTOR. Buste à g., la tête coiffée d'un mortier. ℟. Dans une couronne de laurier : F·S·K·I·P·F·T. — Diam., 0,057. (Armand, t. I, p. 9.)

244 — Sigismond-Pandulfe Malatesta. SIGISMVNDVS·PANDVLFVS·MALATESTA·PAN·F. Buste cuirassé à g. ℟. CASTELLVM·SISMVNDVM·ARIMINENSE·M·CCCC·XLVI. Château fort. — Diam., 0,080. (Armand, t. I, p. 20.)

245 — Alidosi. FR·ALIDOXIVS·CAR·PAPIEN·BON·ROMANDIOLAE·Q·C·LEGAT. Buste à dr. en habit cardinalice. ℟. HIS AVIBVS CVRRVQ CITO DVCERIS. Jupiter dans un char attelé de deux aigles. — Diam., 0,062. Trouée. (Armand, t. II, p. 116.)

246 — Toscani. IOHANNES ALOISIVS TVSCANVS ADVOCATVS. Buste drapé à g., coiffé d'un béret. ℟. Dans une couronne de laurier : INCERTVM IVRISCONSVLTVS ORATOR AN POETA PRESTANTIOR. — Diam., 0,070. (Armand, t. II, p. 28.)

247 — Sacrata (Girolama). HIERONIMA SACRATA M·D·LV. Buste à dr.; dessous, P(*astorino*). ℟. Incus. — Diam., 0,070. Trouée. (Armand, t. I, p. 206.)

248 — Lorédan (Léonard). LEONAR·LAVREDANVS·DVX·VENETIAR·ET·C. Buste à g., en habit ducal. ℟. AEQVITAS PRINCIPIS. L'Équité debout, tenant une balance. — Diam., 0,061. Trouée. (Armand, t. II, p. 124.)

249 — Garcia Nasi. Lég. hébraïque. Buste à g. ℟. Incus. — Diam., 0,066. (Armand, t. I, p. 202.) *Pastorino.*

250 — Priuli (Jérôme). HIE·PRIOL·VENE·DVX III AN Æ LXXV. Buste à mi-corps, à g. ℟. AN·SAL·MDLXI·DV·LXXXVI·VR·CON·MCXLI. — ADRIA·REGI·MARIS. Venise assise près d'une galère. — Diam., 0,061. Trouée. (Armand, t. II, p. 224.)

251 — FRANÇOIS IV GONZAGUE, DE MANTOUE. FRANCISCVS·MARCHIO·MANTVAE·IIII. Buste cuirassé, à g. ℞. FAVEAT·FOR·VOTIS. Combat de cavaliers. IO·FR·RVBERTO·OPVS (en creux sur la barre). — Diam., 0,050. (Armand, t. I, p. 81.)

252 — VISCONTI (Charles). CAROLVS VICECOMES. Buste cuirassé, à dr. ℞. Pied de corail. COR ALIT. — Diam., 0.070. Trouée. (Armand, t. II, p. 206.)

253 — LIONEL D'ESTE. LEONELLVS·MARCHIO·ESTENSIS·D·FERRARIE·REGII·7·MVTINE. Buste à g. ℞. PISANI·PICTORIS·OPVS. Homme nu étendu à terre; sur un rocher, une amphore. — Diam., 0,069. (Armand, t. I, p. 4.) *Pisanello.*

254 — MEMMO (Marc-Ant.). MARCVS ANTONIVS MEMMO DVX VENETIARVM. Buste à dr. en habit ducal. ℞. Incus. — Diam., 0,090. Bronze doré.

255 — TRIVULCE (Jean-François). IO·FRAN·TRI·MAR·VIC·CO·MVSO·AC·VAL·REN·ET·STOSA·D. Buste cuirassé à dr. AET·29 (sur la tranche du bras). ℞. FVI SVM ET ERO. La Fortune au milieu de la mer. — Diam., 0,058.

256 — ACQUAVIVA (Lucie). LVCIA AQVAVIVA. Buste drapé à g. ℞. Incus. — Diam., 0,065. Trouée. (Armand, t. II, p. 213.)

357 — GONZAGUE (Hippolyte). HIPPOLITA · GONZAGA · FERNANDI·FIL·ÆT·AN·XV. Buste drapé, à g. ℞. NEC TEMPVS NEC AETAS. Femme debout, à dr., au milieu d'attributs des arts et des sciences. — Diam., 0,062. (Armand, t. II, p. 213.)

358 — PIERRE ARÉTIN. DIVVS·PETRVS·ARETINVS. Buste drapé à g. ℞. VERITAS·ODIVM·PARIT. La Vérité assise à g., couronnée par un Génie. — Diam., 0,057. Trouée. (Armand, t. II, p. 153.)

259 — TOSCANI. IOANNES ALOISIVS TVSCA·AVDITOR·CAM. Buste à g., avec béret. ℞. VICTA IAM NVRSIA FATIS AGITVR. Neptune dans un bige d'hippocampes. — Diam., 0,042. Trouée. (Armand, t. II, 28.)

260 — André Doria. ANDREAS·DORIA·P·P. Buste cuirassé. ℟. Galère. — Diam., 0,040. (Armand, t. I, p. 164.) *Leoni.*

261 — Dulci. IOAN·VIN·DVLCIVS·IVR·CON·CAN·PATAVIN·AETA·LVII. Buste habillé, à g., 1539. ℟. DVLCIS GENIO BENEVOLENTIAE. Sacrificateur tenant un dauphin. — Diam., 0,037. (Armand, t. I, p. 181.) *Cavino.*

262 — Arioste. LVDOVICVS ARIOSTE·POET. Buste lauré, à g. ℟. MALVM PRO BONO. Ruche incendiée. — Diam., 0,038.

263 — Grimani (Ant.). ANT·GRIMANVS DVX VENETIAR. Buste à g. ℟. IVSTITIA ET PAX OSCVLATE SVNT. La Justice et la Paix se donnant la main. — Diam., 0,031.

264 — Griti (André). ANDREAS GRITI DVX VENET. Buste à g. ℟. AEQVITAS PRINCIPIS. L'Équité debout. — Diam., 0,029.

265 — Bentivoglio (Jean). IOANNES BENTIVOLVS II · BONONIENSIS. Buste à dr., avec béret. ℟. MAXIMILIANI IMPERATORIS MVNVS MCCCCLXXXVIIII. — Diam., 0,027. (Armand, t. I, p. 104.) *Francia.*

266 — Agosto da Udine. AVGVSTVS VATES. Buste lauré, à g. ℟. VRANIA. Muse debout. — Diam., 0,031. (Armand, t. II, p. 72.)

267 — Hercule d'Este. HERCVLES·DVX·FERRARIAE. Tête à g. ℟. Cavalier. Argent. — Diam., 0,028. (Armand, t. II, p. 44.)

268 — Claire de Gonzague. CLARA·DE·GONZ·COMITI·MONT(is) PENSERII·ET·DELPHINA·ALV(ern)IE. Buste à dr., la tête couverte d'une coiffe. ℟. Incus. — Diam., 0,059. (Armand, t. II, p. 85.)

269 — Henri II et Catherine de Médicis. HENRICVS·II·GALLIARVM·REX·INVICTISS·P·P. Buste lauré et cuirassé, à dr. ℟. KATHARINA DE MEDICIS REGINA FRANCORVM. Buste à g., 1555. Bronze doré. — Diam., 0,055.

270 — Princesse de Guémené. ANNE DE ROHAN PRINCESSE DE GVEMENE. Buste à dr.; dessous, VARIN. ℟. SPES DVRAT AVORVM. Aigle au vol, regardant le soleil. 1638. — Diam., 0,053.

287 — *Fête de la Paix.* Femme assise, tenant un livre; jeunes filles tenant des mappemondes ou jouant de la clarinette; homme tenant le caducée ailé; violoncelle appuyé contre un arbre, etc. Plaquette ronde, repoussée. — Diam., 0,079.

288 — *Vulcain forgeant les ailes de l'Amour.* Grande plaquette ronde, bordée d'une couronne de feuilles. Plomb. — Diam., 0,17.

www.ingramcontent.com/pod-product-compliance
Ingram Content Group UK Ltd.
Pitfield, Milton Keynes, MK11 3LW, UK
UKHW020536180726
13839UKWH00006B/2550

9 782329 583990